BEI GRIN MACHT SICH IHR
WISSEN BEZAHLT

- Wir veröffentlichen Ihre Hausarbeit,
  Bachelor- und Masterarbeit

- Ihr eigenes eBook und Buch -
  weltweit in allen wichtigen Shops

- Verdienen Sie an jedem Verkauf

Jetzt bei www.GRIN.com hochladen
und kostenlos publizieren

Melissa Naase

Biographische Skizze: Sir Thomas Malory

Leben und Werke

GRIN Verlag

Bibliografische Information der Deutschen Nationalbibliothek:

Die Deutsche Bibliothek verzeichnet diese Publikation in der Deutschen National-
bibliografie; detaillierte bibliografische Daten sind im Internet über http://dnb.d-
nb.de/ abrufbar.

Impressum:

Copyright © 2011 GRIN Verlag, Open Publishing GmbH
Druck und Bindung: Books on Demand GmbH, Norderstedt Germany
ISBN: 978-3-640-89640-0

Dieses Buch bei GRIN:

http://www.grin.com/de/e-book/170727/biographische-skizze-sir-thomas-malory

GRIN - Your knowledge has value

Der GRIN Verlag publiziert seit 1998 wissenschaftliche Arbeiten von Studenten, Hochschullehrern und anderen Akademikern als eBook und gedrucktes Buch. Die Verlagswebsite www.grin.com ist die ideale Plattform zur Veröffentlichung von Hausarbeiten, Abschlussarbeiten, wissenschaftlichen Aufsätzen, Dissertationen und Fachbüchern.

Besuchen Sie uns im Internet:

http://www.grin.com/

http://www.facebook.com/grincom

http://www.twitter.com/grin_com

Universität Paderborn

Fachbereich: Anglistik

Sommersemester 2011

Biographische Skizze: Sir Thomas Malory

Infopaper

Melissa Naase

Inhaltsverzeichnis

1. Einleitung

Dieses Infopaper befasst sich mit dem Leben und den Werken von Sir Thomas Malory, dem Verfasser der Artusromane, des „Morte Darthur". Die Recherche dabei ist nicht sehr einfach, zunächst muss festgelegt werden mit welcher der Personen, die unter diesem Namen geboren wurden, wir uns genau beschäftigen. Dabei ist lediglich sicher, dass Malory ein inhaftierter Ritter war. dies geht aus der Schlusspassage des „Morte Darthur" hervo:geht,- „FOR THIS BOOK WAS ENDED THE NINTH YERE OF THE REYGNE OF KING EDWARD THE FOURTH, BY SYR THOMAS MALEORE, KNYGHT, AS JESU HELPE HYM FOR HYS GRETE MYGHT, AS HE IS THE SERVAUNT OF JESU BOTHE DAY AND NYGHT." sowie das Jahr der Vollendung dieses Werkes, was angegeben wird als das 9. Jahr der Herrschaft von König Edward IV.[1], alles andere bleibt spekulativ.[2] Neben Sir Thomas Malory, Sohn von John Revel aus Newbold Revel aus Warwickshire, existierten 7 weitere Malorys[3], welche als Autor der Artusromane in Frage kommen. Davon sei hier lediglich Thomas Malory, Sohn von Studley Royal und Hutton Conyers, aus Yorkshire[4] namentlich erwähnt, da dieser nach Meinung von R. Merril dem Malory aus Newbold Revel, auf welchen sich die wissenschaftliche Welt im Allgemeinen geeinigt hat am nähesten kommt. Dennoch bleiben Zweifel, ob der Malory aus Newbold Revel wirklich der oben bezeichnete ist. Diesem Edelmann sind einige negative Charaktereigenschaften zuzuordnen.[5] Es wäre genauso gut denkbar, dass es der „Morte Darthur" von einem bislang unbekannten Malory verfasst wurde.[6] Im Folgenden aber sei der zuletzt genannte als der Sir Thomas Malory festgelegt, mit welchem ich mich in dieser Arbeit befasse.

2. Das Leben Malorys

Da, wie bereits erwähnt, Fakten aus dem Leben Malory spekulativ sind, werde ich mich im Folgenden nahezu nur auf Daten aus dem Werk *Life and Times of King Arthur's Chronicler* von Christina Hardyment beziehen, da mir

---

[1] vgl. http://www.nndb.com/people/412/000085157/ (31.03.11)
[2] vgl. FIELD, P.J.C.: *Malory's Life Records - A Companion to Malory*, a.a.O., S. 115ff.
[3] FIELD, P.J.C.: *Life and Times of Sir Thomas Malory*, a.a.O., S.12ff
[4] vgl.MERRIL, Robert : Sir Thomas Malory and the Cultural Crisis of the Late Middle Ages, a.a.O., S.3
[5] vgl. http://encyclopedia.jrank.org/articles/pages/3848/Malory-Sir-Thomas-140-1471.html (31.03.2011)
[6] FIELD, P.J.C.: *Life and Times of Sir Thomas Malory*, a.a.O., S.4f

dieses sowohl umfangreich als auch sorgfältig recherchiert erscheint.[7] Der besseren Übersicht halber führe ich markante Daten tabellarisch auf.

1399	Ungefähres Datum der Geburt, M. wird als Sohn von John Malory und Philippa Chetwynd geboren. Er hat min. 3 Schwestern[8].
1400	John Malory, Thomas Vater ist im Tower of London inhaftiert
1406	M. wird Lord von Newbold Revel
1414	M. steht im Dienst von Richard Beauchamp (dem Earl of Warwick) in Calais, ab 1418 im Dienst von Richard, Earl of Codnor
1424	Möglicherweise Vorsitzender der Statt Gisor (Frankreich)
1433/4	Tod von John Malory
1441	M. bekommt eine Förderung vom Vikar, hierbei ist er erstmals als Ritter verzeichnet[9]
1443	M. und Eustace Burnaby sind wegen Beleidigung, Verletzung, Freiheitsentzug und Beraubung Thomas Smiths aus Spratton, Northhampshire angeklagt
1445-6	M. wird MP (Member of Parliament) für Warwickshire
1447/8	Geburt von M. Sohn Robert (zukünftiger Erbe) durch seine Ehefrau Elizabeth Walsh aus Wanlip[10]
11.1449	M. wird für Great Bedwyn MP
1450	4.1. M. wird später beschuldigt an diesem Datum Humphrey, den Duke of Buckingham im Wald von Coombe Abbey, Warwickshire aufgelauert zu haben
	23.5 M. wird später beschuldigt an diesem Datum Joan Smith vergewaltigt[11] zu haben
	31.5. M. wird später beschuldigt an diesem Datum Geld von 2 Einwohnern aus Monks Kirby erzwungen zu haben
	6.8. M. wird später beschuldigt an diesem Datum J. Smith erneut vergewaltigt und nach Barwell entführt zu haben
	31.8. M. wird später beschuldigt an diesem Datum Geld eines wei-

---

[7] Weitere Quellen sind durch Fußnoten gekennzeichnet.
[8] vgl. FIELD, P.J.C.: *Malory's Life Records - A Companion to Malory*, a.a.O., S. 115
[9] „In late medieval England, taking up knighthood could be expensive, and doing so may imply political and social ambition." Ebd. S. 115
[10] Ebd., S. 115
[11] Übersetzung aus dem englischen von „rape". Dies könnte auch „entführt" heißen.

	teren Einwohners von Monks Kirby erzwungen zu haben
	Nov. M. wird MP für Wareham
	15.3. Haftbefehlt gegen M.
	4.6. M. wird später beschuldigt an diesem Datum 7 Kühe, 2 Kälber, 335 Schaafe und einen Karren im Wert von 22 Pfund in Cosford, Warwickshire gestohlen zu haben
	13.6. weiterer Haftbefehl gegen M.
1451	20.6. M. wird später beschuldigt an diesem Datum Wild gestohlen und einen hohen Schaden im Wildpark von Caluden begangen zu haben
	25.6. 60 Männer kommen um M. zu inhaftieren, er wird Coventry aufgelauert und in Coleshill, im Haus des Sheriffs von Warwickshire inhaftiert
	27.7 M. entkommt und kehrt nach Newbold Revel zurück
1451	M. wird aller oben aufgeführte Verbrechen angeklagt und der Fall nach London verlegt, hier verbringt er das nächste Jahr in zahlreichen Gefängnissen, ohne das sein Fall in den nächsten 8 Jahren vor Gericht kommt[12]
1452	21.10. M. ist für 3 Monate frei gelassen
1453	M. wieder inhaftiert
1454	8.5. M. kurzzeitige Wiederfreilassung,
	16.10. Verhaftung weil er Pferdedieben geholfen habe; Inhaftierung in Colchester Castle, 2 Wochen später bricht er aus;
	14.11. erneute Inhaftierung
1455	19.5. Verlegung in den Tower of London und weitere Gefängnisse in den nächsten 2 ½ Jahren
1457	M. wird auf Kaution freigelassen, welche der Onkel des Earls of Warwick- William Neville, Deputy Keeper of Calais hinterlegt
1457/8	Tod von M. Sohn Thomas M. junior

---

[12] Ebd., S.116

1460	Die Yorkisten[13] besetzen London und den Tower, ihre Anhänger, wahrscheinlich einschl. M. werden aus den Gefängnissen der Stadt freigelassen
1461	Der Fall M. wird eingestellt
1462	Begnadigung durch Edward IV
	M. arrangiert die Hochzeit seines Sohnes Robert
1466/7	Geburt M.s weiteren Sohnes und evtl. Erben Nicholas
1468	14.7. M. wird als Rebell des Lancaster Hauses von der Begnadigung ausgeschlossen
1469	3.3./4.3. Datum der Fertigstellung aller Artusromane
	20.4. M. unterzeichnet als Zeuge ein Testament eines Gefangenen im Newgate Gefängnis, evtl. ist er selbst wieder inhaftiert.
1471	Tod M.; Grab in der Greyfriars Church, London
1485	*Veröffentlichung der Artusromane durch William Caxton*

Beim Erstellen diesert Tabelle fällt auf, das Malory anfangs ein Yorkist war, genau wie Richard Beauchamp, dem er dient. Die meisten Verbrechen, für die er angeklagt wurde, sind durch den Duke of Buckingham und dessen Anhänger erhoben worden. Der Duke of Buckingham war auch derjenige, der mit 60 Männern kam, um Malory zu inhaftieren oder sich selbst als Richter in Malorys Anhörungen einbrachte.[14] Malorys Zeit in den Gefängnissen Londons endet erst 1460, als die Yorkisten an die Macht kommen. Anschließend erhält M. eine Begnadigung („Royal Pardon") durch Edward IV. Merkwürdig erscheint, dass er 1468 dann namentlich von einer Begnadigung ausgeschlossen wird und nicht länger Anhänger der Yorkisten ist. Der Grund dafür ist, dass der Lord of Warwick mittlerweile die Seiten gewechselt hat und Anhänger des Hauses Lancaster geworden ist. Malory erwies sich seinem Herren loyal und wechselte mit ihm die Seiten,[15] was sein mittlerweile beruhigtes Leben wohl wieder gewendet haben mag.

---

[13] Die Bezeichnung „Rosenkriege" steht für eine Reihe von Kampfhandlungen zwischen den beiden rivalisierenden englischen Adelshäusern **York** und **Lancaster**, die zwei verschiedene Zweige des Hauses Plantagenet darstellten und die beide ihre Stammlinie auf König Edward III. zurückführen konnten. Die Wappen dieser Familien enthielten Rosen (eine rote Rose für Lancaster, eine weiße Rose für York), sodass sich für diesen Konflikt später der Name Rosenkrieg etablierte. (Vgl. http://de.wikipedia.org/wiki/Rosenkriege [02.04.11[)
[14] vgl. FIELD, P.J.C.: *Malory's Life Record*, a.a.O., S. 115ff.
[15] vgl. ebd. S. 115ff.

3. Werke

Malory verfasste die Artusromane „Morte Darthur"- wie sie später durch William Caxton genannt wurden. Malory nannte sie ursprünglich „Birth, Life and Acts of King Arthur, of his Noble Knights of the Round Table, their marvelous Enquests and Adventures; th'Achieving of the Sangreal, and in the End the dolorous Death and Departing out of the World of them All".[16] Diese Romane umfassen 12 Bücher, wie die spätmittelenglische Zusammenfassung der Sagenkreise um König Arthur, Königin Guinevere, die Ritter Gawain, Lancelot, Tristan und Isolde, sowie die Suche nach dem heiligen Gral.[17] Für die Verfassung dieser Romane scheint M. Material aus französischen Quellen erhalten zu haben.[18]

Außerdem schrieb M. ein Gedicht über 850 Zeilen mit dem Namen „The Wedding of Sir Gawain and Dame Ragnell", welches viele Parallelen zum „Morte Darthur" aufweist, aber lt. Hardyment nicht so gut geschrieben ist. Welches der Werke zuerst verfasst wurde ist unklar, es wäre aber denkbar, dass das überragende „Morte Darthur" daher nicht das erstgeschriebene ist.[19]

4. Schlussfolgerung

Die Lebensbedingungen in England im 15. Jh. scheinen extrem hart gewesen zu sein, besonders für rebellische Personen wie Malory. Das Beziehen einer politischen Position hat ihn sein ganzes Leben lang in große Schwierigkeiten gebracht, genauso wie seine Verbundenheit zum Earl of Warwick. So hat Malory während der Rosenkriege eine große Zeit seines Lebens in diversen Gefängnissen verbracht, ohne dass sein Prozess jemals geführt wurde. Dabei sorgen die Anhänger des Hauses Lancaster dafür, dass er sich nicht auf freiem Fuß befindet, während er Yorkist ist . Das Gleiche gilt aber auch für die Anhänger des Hauses York, als er später die Meinungen des Hauses Lancaster vertritt.

---

[16] vgl. HARDYMENT, Christina: *Malory: the Life and Times of King Arthur's Chronicler*, a.a.O., S.xvi
[17] vgl. ebd. S.23-32
[18] http://de.wikipedia.org/wiki/Thomas_Malory (18.04.2011)
[19] vgl. HARDYMENT, Christina: *Malory*, a.a.O., S.xvi

Für mich persönlich war es nicht einfach, diese Informationen zusammenzu-stellen, da, wie schon in der Einleitung erwähnt, nichts aus Malorys Leben gewiss ist. So habe ich diverse Spekulationen verglichen, gelangte letztend-lich aber immer wieder zu den Werken von Field, welche ich mit dem Werk von Hardyment abgeglichen habe, um eine allgemeine verbreitete Sichtweise auf Malorys Leben zu erhalten.

Die Auseinandersetzung mit dem Thema Malory ist auch heute noch sehr aktuell, da die Artusromane vielen Autoren und Filmemachern Ideen liefern. So hat beispielsweise T. H. White im Gedenken an Malory *The Once and Future King* geschrieben, wovon wiederum das Musical *Camelot* und ein Walt-Disney Film *The Sword of the Stone* beeinflusst wurden. In diesem wurde das erste Buch Whites verarbeitet.[20] Weitere aktuelle und heute be-kannte Filme sind „König Arthur" oder „Indiana Jones und der letzte Kreuz-zug". In letzterem geht es speziell um die Suche nach dem heiligen Gral.
Diese Aktualität hat mich besonders angesprochen, aber auch überrascht, da ich damit nicht gerechnet hatte.

---

[20] vgl. ebd., S.10

5. Literatur

- FIELD, P.J.C.: *Life and Times of Sir Thomas Malory*, Cambridge : D.S. Brewer, 1993
- FIELD, P.J.C.: *Malory's Life Records - A Companion to Malory*. Cambridge : D.S. Brewer, 1996
- HARDYMENT, Christina: *Malory: The Life and Times of King Arthur's Chronicler*, Hammersmith : HarperCollinsPublishers, 2005
- MERRIL, Robert : Sir Thomas Malory and the Cultural Crisis of the Late Middle Ages, Darmstadt : Weihert-Druck, 1987

Internetquellen:

- www.malory.net (30.03.2011)
- http://de.wikipedia.org/wiki/Rosenkriege (02.04.11)
- http://de.wikipedia.org/wiki/Thomas_Malory (18.04.2011)
- http://encyclopedia.jrank.org/articles/pages/3848/Malory-Sir-Thomas-140-1471.html (31.03.2011)
- http://www.nndb.com/people/412/000085157/ (31.03.2011)